¡Sssssshhhhhhhhhh!

Haz del teatro algo íntimo

Llévalo siempre en el bolsillo

Cubierta y diseño editorial: Éride, Diseño Gráfico
Dirección editorial: ángel jiménez

Primera edición: mayo, 2024

los topos lloran al amanecer
© Julio Fernández Peláez
© VdB, 2024
Espronceda, 5
28003 Madrid

VdB®

ISBN: 978-84-19850-60-7
Depósito Legal: M-12694-2024
Diseño y preimpresión: Éride, Diseño Gráfico

 Este libro protege el entorno

los topos lloran al amanecer

Julio Fernández Peláez

Doctor por la Universidad de Alcalá en Estudios Literarios, Lingüísticos y Teatrales.

Poeta, dramaturgo, escenógrafo, editor, docente e investigador teatral.

En la actualidad dirige la compañía Anómico Teatro con obras propias tales como *Soñar al borde del abismo, Heredarás el cosmos, Nohorizontes, Cartas de amor a los árboles, Anxos abandonados en mosaicos, Mer o lo invisible, Paisajes de extinción, Chuvia, Optimismo Florence, Ensayo sobre la lejanía, Preferiría no hacerlo* o *Julieta Virtual*.

En 2016 funda Ediciones Invasoras.

Ha recibido algunos premios por sus textos teatrales, como el «Teatro Mínimo Rafael Guerrero», «Escoitar Teatro, Fundación SGAE», «Dulce por Amargo», «Cuenca a escena», «Pegada de Teatro Radiofónico», «Teatro x la Justicia» y «El Espectáculo Teatral», además de otros de narrativa, poesía y ensayo.

De su abundante obra publicada, cabe mencionar los últimos títulos: *PYKA*. Erregueté (2023), *Heredarás el cosmos*, Lastura y Oidá (2023), *Rapsofá*, Invasoras (2022), *Acciones de entusiasmo imposibles y nunca llevadas a cabo*, Arrebato (2022), *Cartas de amor a los árboles*, Revista Primer Acto (2021) y *Anxos abandonados en mosaicos despois do combate*, Figurando Recuerdos (2021).

Julio Fernández Peláez

los topos lloran al amanecer

Personajes

INGRID (mujer adulta)
MARTIN (hombre adulto)
RALF (joven, hijo de INGRID y MARTIN)
HELEN (anciana, madre fallecida de MARTIN)

2 🚺 2 🚹

Nota:
La barra vertical [/] sugiere el punto de interrupción en un diálogo superpuesto.

I
Amplio salón de una vivienda.

> INGRID *haciendo punto, sentada en una mecedo-ra.* MARTIN *de puntillas, mirando con unos prismáticos a través de los cristales de una ventana.*

MARTIN   No vas a creer lo que estoy viendo... Están empeñados en resolverlo todo a su manera.

INGRID   ¿Todo?

MARTIN   Planean dividir en cuatro...

INGRID   ¿Qué?

MARTIN   Todo. Absolutamente todo. Habrá muros por todas partes dividiendo las zonas... Puedo leerlo en sus labios... Cuatro mundos, cuatro continentes, cuatro civilizaciones, cuatro idiomas, cuatro climas, cuatro razas, cuatro clases, cuatro edades...

INGRID   Pensaba que eran tres.

MARTIN   Y ahora, cuatro realidades dividas por muros. Muros y más muros, para construir la segregación definitiva. Es la única manera de vencer esta guerra, dicen.

INGRID   ¿Qué guerra?

MARTIN   La guerra contra la desinformación, la guerra contra el clima, la guerra contra la pandemia, la guerra contra la injusticia, la guerra contra el hambre, la guerra contra la inmigración, la guerra en contra de los plásticos, la guerra contra las dictaduras, la guerra contra la guerra...

INGRID   El mundo está en guerra.

MARTIN   Y qué mejor manera que aislando a la población según determinados parámetros... Mira, uno de esos tipos habla sin parar. Te puedes imaginar quién. Preferiría no tener que decir su nombre. Parece muy enfadado. Puedo ver los escupitajos atravesar el aire.

INGRID   No sé cómo van a hacerlo. Son cosas muy distintas.

MARTIN   Levantando...

INGRID   No será fácil.

MARTIN   Ladrillos nunca faltan. Es más barato comprar un ladrillo que media barra de pan.

INGRID   Las ciudades prosperaron cuando se derribaron los muros.

MARTIN   Confundes muros con murallas. Las murallas impedían el tránsito de mercancías y de turistas. En cambio, los muros...

INGRID   ¿Qué?

MARTIN   Los muros son para las personas, no para las cosas, y tampoco para todas las personas. Quienes vivan en el mundo 1 no podrán pasar al 2 ni al 3 ni al 4. Desde el mundo 2 se podrá pasar al 1 pero no al 3 y al 4. Los habitantes del mundo 3 podrán pasar al 1 y al 2 pero no al 4. Los del mundo 4 podrán estar en todos.

INGRID   ¿Y nosotros en qué mundo estamos?

MARTIN   En el 4, como dios manda.

INGRID   Estupendo. Pero no entiendo cómo van a...

MARTIN   Con leyes. Cemento y leyes. Mucho cemento y muchas leyes.

INGRID   Buena combinación.

MARTIN   Las leyes generan reflejos condicionados. Son los cantos rodados del hormigón.

INGRID   Buenísima metáfora. Pero...

MARTIN   El cemento fija la adquisición de los reflejos... El cemento es aprendizaje. Mira, ahora habla el del pelo engominado hacia atrás y pantalones color crema. Este no sé quién es pero por la pinta... Se cree muy listo, trata de hacer una parábola con el cuento de las ovejas de cuatro colores.

INGRID   ¿Qué cuento?

MARTIN   ¿No conoces la historia? Un pastor pinta las ovejas de su rebaño de azul, rojo, amarillo y verde; y las ovejas, instintivamente, se juntan por colores. Lo mismo pasa con las personas, basta marcarlas de un modo diferente para que no se relacionen con las que no son de su...

INGRID   Tiene sentido.

MARTIN   Hablan y hablan, cada vez más deprisa. Hay que tomar una decisión, dice uno de ellos. Debemos llegar a un acuerdo de mínimos, más adelante cerraremos los flecos. Les preocupa el tema... de los dere...

INGRID   ¿Los dere...

MARTIN   No lo digas. Trae mala suerte.

(*Silencio.*)

INGRID   Oye, esos prismáticos... Podrías usarlos para vigilar el mar.

MARTIN   No hay mar por aquí.

INGRID   Por eso mismo.

MARTIN   ¡Qué gran idea! Aunque creo que esa labor la
             debería realizar Google.

INGRID   ¿Cómo?

MARTIN   Mediante una aplicación, una app...

INGRID   ¿No existe aún?

MARTIN   No me refiero a Google Earth. De lo que yo
             hablo es de Google Live Earth, que está a pun-
             to de ser implantado. Una especie de cámara
             global de acceso público.

INGRID   ¡Fantástico! Con esa aplicación, podríamos
             seguir en tiempo real el viaje de todos esos ca-
             yucos que intentan llégar a nuestras costas...
             ilegalmente.

MARTIN   Y poder pedir ayuda de manera inmediata, en
             caso de que alguna de esas maltrechas barcas
             se rompa.

INGRID   Y avisar a los guardacostas...

MARTIN   ¿Para que los hundan o para que los rescaten?

INGRID   No lo tengo claro.

MARTIN   Y mira, ya que vivimos en el 4 podríamos tener algún privilegio, como ver todos los mundos sin que ellos nos viesen.

INGRID   ¿Eso no existe ya?

MARTIN   ¿Ah, sí?

INGRID   En el nivel 5.

MARTIN   ¿Qué 5?

INGRID   Se te olvidó contar el mundo que controla...

MARTIN   Tienes razón. Qué tonto.

     (*Silencio.*)

INGRID   Me preocupan las ovejas que no son de ningún color, o de dos al mismo tiempo, o las que primero fueron de uno y luego de otro.

MARTIN   Esa posibilidad no se da en la naturaleza.

INGRID   Claro que se da, y es muy frecuente.

MARTIN   Pero solo como un modo de supervivencia.

INGRID   Lógico.

MARTIN   ¡Atentos! Entra una mujer en la estancia. Ahora son diez hombres y una mujer. ¡Guau! Es una mujer joven...

INGRID   Como te gustan a ti...

MARTIN   Lleva puesto un elegante vestido rojo. Se excusa por llegar tarde. El innombrable estira el cuello, puedo ver las gotas de sus babas cayendo hasta la barbilla...

INGRID   ¿Cómo sabes que es rojo?

MARTIN   Ese tono de gris, yo diría que es rojo. El dueño del sector textil está haciendo un chiste. No tiene gracia pero todos ríen. Menos la mujer. Ella está muy seria.

INGRID   ¿Textil tiene la misma raíz que textual, no?

MARTIN   Seguramente. Aunque está claro que para tejer no es preciso saber leer y escribir.

INGRID   Han abierto un prostíbulo en el centro comercial.

MARTIN   ¿Dónde?

INGRID   Arriba, junto a los multicines.

MARTIN   Será de muñecas arti /

     (*Aparece, de pronto,* RALF*, un joven robusto y atlético.*)

RALF   (*Sin moverse del sitio.*) He pasado el examen...

(INGRID *no reacciona,* MARTIN *se quita los prismáticos y se gira hacia* RALF.)

MARTIN   Me alegro.

RALF   No lo parece.

MARTIN   He dicho que me...

RALF   Mañana mismo compro el arma.

INGRID   ¿Tan pronto?

RALF   Llevo esperando meses.

INGRID   Pero si no la necesitas.

RALF   Todos mis amigos la llevan.

MARTIN   Tu madre tiene razón, no la necesitas. Lo que necesitas...

RALF   Será solo por seguridad.

INGRID   ¿Qué seguridad?

RALF   La mía y la de mis amigos. Podrían sentirse traicionados.

MARTIN   Cambia de amigos.

RALF   He trabajado duro para poder comprarla. La llevaré debajo de la ropa.

INGRID   ¿Y en verano?

RALF   Hay cartucheras.

INGRID   Cartucheras.

RALF   Cartucheras de camuflaje.

(INGRID *mira a* RALF *a los ojos. De pronto, abandona su labor y se acerca a* RALF. *Lo toca.* RALF *no se inmuta.*)

INGRID   Llegará el día que no sepamos diferenciar... ¡Es todo tan real! ¿Desde dónde hablas, hijo?

RALF   Desde una cabina situada en el hall de la facultad.

INGRID   ¿Están yendo a las clases?

RALF   Claro, mamá. Son presenciales.

INGRID   Mira, hijo, te estoy acariciando.

RALF   ¿Por qué lo haces?

INGRID   Quiero estar segura de que eres tú, quiero estar segura de que no eres uno de esos programas de inteligencia /

MARTIN   ¿Y qué tal en las clases? ¿Cómo te va?

INGRID   … artificial.

RALF   Bien.

INGRID   No necesitas un arma para terminar tus estudios. Todavía eres mi niñito.

(RALF *reacciona apartándose.*)

RALF   Formo parte del equipo de atletismo. Mi próximo objetivo es superar un récord. Quién sabe si en las próximas...

INGRID   ¡Un record! ¡Pero eso es extraordinario! ¿Y entonces, vas a ir a las olimpíadas?

RALF   No es seguro.

INGRID   Hijo, no sabes lo feliz que me haría. Podríamos buscarle un sitio para tus medallas. Para las de oro pintaremos la pared de azul claro, para que contrasten, y para las de plata... (MARTIN *apunta con su dedo índice a* RALF *y este desaparece.* INGRID *se gira hacia* MARTIN.) Has colgado...

MARTIN   Solo quería subir el volumen de su voz.

INGRID   No sé por qué tienes siempre el dedo índice puesto. Sabes que eso es microautoritarismo.

MARTIN   La verdad es que no lo soporto. Es un gilipollas.

INGRID   Es tu hijo.

             (MARTIN *regresa a la ventana para mirar a través de los prismáticos.*)

MARTIN   ¿Y son ellos los que lo controlan todo? Me pregunto en manos de quiénes estamos.

             (*Silencio.*)

INGRID   ¿Recuerdas aquel cuadro del que te hablé?... La *parábola de los ciegos*, de Brueghel el Viejo. Llevaba dándole vueltas a ese asunto. Creo que lo entiendo. Ni uno solo de los ciegos puede saber que todos los demás también lo son. El ciego que confía en otro, lo hace porque cree que va a ser guiado correctamente por alguien que ve, y permite que otro ciego, a su vez, se deje guiar por alguien que cree que ve. Uno tras otro, los ciegos caminan pensando que la persona que los precede está guiándolos, pero ni siquiera al principio de la cadena hay alguien que vea más que el resto. De hecho, el primer ciego de la cadena, además de ciego es un inconsciente, un loco que cree ver cuando en realidad tampoco ve. Todos son ciegos y todos caen al charco, pero no tanto por ciegos como por ignorantes.

MARTIN   No sé de qué cuadro me hablas.

INGRID   No tiene importancia. Tus visiones me /

MARTIN   Sabes perfectamente que no son /

INGRID   Sufres de ceguera invertida. Proyectas en el exterior las imágenes que tienes en el fondo de tu cabeza. Y para colmo, eres daltónico. Completamente daltónico. (*Riendo.*) ¡Ves todo en blanco y negro!

MARTIN   Mis visiones siguen ahí, si es así como quieres llamarlas. Siguen y siguen, hablan y hablan. Ya te lo he contado, quieren dividir todo en cuatro partes. Además de la quinta que tú mencionaste. Y lo harán a la fuerza. En la pared del fondo han desplegado un mapa. Un mapamundi muy grande. De esos en los que los países vienen marcados por colores.

INGRID   (*Corre hacia la ventana.*) Déjame ver. (INGRID *le quita los prismáticos a* MARTIN. *Mira a través de ellos.*) No veo nada.

MARTIN   Tienes que enfocar hacia aquel edificio alto. El más alto de todos. El rascacielos con cristales de color /

INGRID   Solo veo... el mar.

MARTIN   No enfoques tan lejos. Enfoca como a unos 10 kilómetros.

INGRID   Increíble que unos simples prismáticos...

MARTIN   Tienen la facultad de seguir la curva de la superficie y salvar así todos los accidentes. Son prismáticos Amazon de última generación. Si pulsas el botón de la izquierda, te lleva a las últimas coordenadas que visitaste. Púlsalo. Verás qué fácil. Cuando llegues al edificio, escala hasta el penúltimo piso. Luego enfoca a las ventanas del centro.

INGRID   Sí, sí, ya los veo. Once personas de diferentes edades, bien vestidas y con buen aspecto físico que deambulan por una habitación como gatos encerrados.

MARTIN   ¿Once? Ha entrado alguien.

INGRID   Son imágenes grabadas. Se ve a la legua que son imágenes grabadas. Tienen la cara borrosa para que no podamos identificar a nadie.

MARTIN   Los prismáticos las emborronan en tiempo real. Por cuestiones de privacidad. Pero no es difícil imaginarse la cara por la ropa que usan.

INGRID   ¿Cuánto dura la escena? ¿Un minuto? Seguro que al minuto se reproduce lo mismo en *loop*.

MARTIN   Todo es a tiempo real.

INGRID   ¿A tiempo real? Parecen aspirantes a un puesto de trabajo de vendedor de seguros por teléfono. Se les ve muy ansiosos. De aquí a nada, se abrirá una puerta y los llamarán de uno en uno para comprobar sus facultades.

MARTIN   Te equivocas, conozco muy bien a esos /

INGRID   Futuros vendedores de seguros o futuros repartidores de pizzas. Estoy dudando.

MARTIN   Tienes que leer los labios.

INGRID   Llevan mascarillas.

MARTIN   Mientes. (MARTIN *recupera los prismáticos.*) Hace un momento hablaban... Seguramente están discutiendo sobre cómo resolver el problema de los dere /

INGRID   ¿Imaginas? ¿Te lo imaginas? Un mundo abierto a todas las miradas, en el que ya no exista ningún rincón invisible y en el que sin embargo... No quede ni una sola cara que no esté emborronada. Salvo para ellos, los que viven en el 5.

MARTIN   Las leyes protegen las matrículas, las identidades, los rostros... Es lógico. Mira, ahora uno de los más jovencitos se apoya en la mesa. Es el dueño de la principal entidad bancaria del globo. Un auténtico hijo de puta... Y muestra a los otros un gráfico, una especie de pirámide.

(MARTIN *le ofrece los prismáticos a* INGRID. *Esta los rechaza.*)

INGRID   Es suficiente... ¿Cómo sabes que es un gráfico?

MARTIN   (*Mirando a* INGRID *a los ojos.*) Deberías comprarte unos prismáticos como estos.

INGRID   Jamás vería lo mismo que tú.

MARTIN   Si son de alta definición, sí.

INGRID   ¿Cuántas veces hemos tenido esta misma conversación? Vivimos en la sociedad de la transparencia y bla, bla, bla, bla. Ni siquiera los que hasta hace poco se creían invisibles, lo son. Ni siquiera los dueños del... panóptico.

MARTIN   ¿Qué...?

INGRID   El panóptico global.

MARTIN   Ah, sí.

INGRID   No debiste cortar la llamada. Hacía más de una semana que no hablábamos con él.

(INGRID *se sienta y continúa su labor de hacer punto.* MARTIN *vuelve a enfocar hacia su objetivo.*)

MARTIN   En serio, tendríamos que hacer algo. Planean una segregación real. Y lo que es peor, una aniquilación de una parte del nivel 1. ¿Te das cuenta de lo que esto significa? Podríamos ser testigos de una terrible decisión.

INGRID   ¿Hablas de una segregación...?

MARTIN   De los individuos.

INGRID   ¿Qué individuos?

MARTIN   En función de su hábitat y de las condiciones del hábitat en el que se...

INGRID   ¿Qué hábitat?

MARTIN   ¡No te interesa lo que digo!

INGRID   Claro que me interesa, pero sé lo que vas a decir. Llevas diciendo lo mismo décadas.

MARTIN   ¿Qué?

INGRID   Que cuando comience a escasear el petróleo se iniciará la era del Caos. Y que entonces habrá que acabar con parte de la humanidad para que... ¿Oye, tú crees que habrán entrado con las cámaras en el interior de las selvas?

MARTIN   Han arrasado las selvas para que no haya ángulos muertos.

INGRID   ¿Ya no quedan tribus /

MARTIN   ¿Invisibles?... Pues no. Las exterminaron o las dejaron morir. Un virus se llevó a los indígenas por delante. Es el problema de vivir tan lejos de un hospital.

(*Se ríe.*)

INGRID   No tiene gracia. ¿Sabías que en Dinamarca existe una isla para refu /

MARTIN   ¿Para que nadie tenga que verlos pidiendo limosna por las calles?

INGRID   Quieren /

MARTIN   Quieren separarnos. Te lo he dicho mil veces. Te lo llevo diciendo desde hace años. Los ricos con los ricos, los pobres con los pobres, los jóvenes con los jóvenes y los viejos con los viejos, los útiles con los útiles, y los inútiles con los inútiles, los locos con los locos, los cuerdos con los cuerdos, los enfermos con los enfermos...

INGRID   Los ciegos con los ciegos.

MARTIN   Sí.

INGRID   No podrán.

MARTIN   Lo harán, aunque tengan que echarle cloro diferenciador al agua de los grifos.

INGRID   Beberemos de las fuentes.

MARTIN   El agua de las fuentes ya no viene de la tierra.

INGRID   El comportamiento humano es complejo.

MARTIN   Hay estímulos. Estímulos económicos.

INGRID   Fracasarán.

MARTIN   (*Bajando los prismáticos.*) ¿Por qué estás tan segura?

INGRID   Las personas no somos como el resto de los animales.

MARTIN   Nuestro instinto nos empuja a formar parte del grupo, aunque nos duela escucharlo, no somos tan diferentes.

INGRID   Aunque pequeñas, las diferencias son importantes.

MARTIN   Tienes razón. En ausencia de estímulos, nuestros instintos permanecen ocultos gracias a la educación, mientras que en el resto de primates...

INGRID   (*Concentrada en su labor.*) Este hilo se deshilacha fácilmente. Es hilo de lana natural. Y todo lo natural es...

MARTIN   ¿Qué?

INGRID   Temporal.

MARTIN   Nuestra identidad se configura a través de hábitos. Los hábitos dejan huella en nuestro cerebro. Así nace la memoria de lo que somos. La educación y las costumbres nos ayudan a realizar acciones sin necesidad de cuestionarlas cada vez que las realizamos. Esto es lo lógico y lo coherente. De hecho, esta es la única vía para vivir adaptados al medio, por más que, a veces, las circunstancias nos obliguen a renunciar a ellos.

INGRID   Me gustan los espantapájaros.

MARTIN   ¿Qué?

(INGRID *se levanta. Pasea por el espacio con entusiasmo.*)

INGRID   Me gustan los espantapájaros porque representan el alma humana. Es, ¿no crees?, nuestra representación más fiel, espontánea y simbólica de lo que somos... frente a las otras especies. Queremos espantar, y espantamos, y debajo de nuestras ropas, no hay nada, apenas paja. ¿Te has dado cuenta de que los espantapájaros han desaparecido de los campos? ¿Cuántos encuentras cuando viajas por...? Solo se conservan en lugares pequeños, en huertas recónditas... Incluso, en esos casos, la paja es sustituida por plástico de burbujas, o peor aún, por trozos de poliespán burdamente introducidos en el interior de las ropas. Estamos perdiendo conciencia de lo que somos, y esto es lo que realmente me entristece. No solo no somos capaces de reconocer que damos miedo, tampoco reconocemos el miedo, como si este ya no fuera natural... Ni siquiera tenemos el valor de llenarnos con los restos de lo que cultivamos, porque... Los espantapájaros desaparecen, y esta desaparición habla, de modo antropológico, de una desaparición más honda y brutal, y que atañe a la inocencia de admitir, con alegría, nuestra dolorosa presencia en el mundo, siempre ligada a la subsistencia.

MARTIN   ¿Estás bailando?

INGRID   Por contra, nuevas figuras aparecen plagando los paisajes, pero no son espantapájaros, sino espantahumanos, la mayoría ni siquiera visibles.

MARTIN   Nunca te había visto...

INGRID   (*Regresando a su sitio.*) Vaya, el hilo se ha roto. Los hilos de lana virgen no tienen...

MARTIN   Coherencia. Siempre te lo digo.

(*Aparece* RALF.)

RALF   Ya he elegido pistola. (MARTIN e INGRID *no reaccionan.*) ¿Os gustaría ver el modelo? (RALF *abre un catalogo de armas y señala una de ellas.*) Es preciosa. ¿No os gusta?

INGRID   Hijo, ya sabes que a mí...

MARTIN   Las armas son todas iguales, todas producen /

INGRID   Bajas.

RALF   Pero yo no pienso disparar a nadie.

MARTIN   ¿Entonces para qué...?

RALF   Por / seguridad.

INGRID   ¿Para qué va a ser? La quiere para presumir con sus amigotes delante de las chicas. Está en la edad.

RALF   Ya te he dicho, mamá, que nos obligan a llevarla oculta.

INGRID   En el campus, pero luego en los bares y en los conciertos /

RALF   Si compro un arma es solo por necesidad. Es mi obligación estar seguro.

MARTIN   Lo mismo dijiste cuando compraste aquel automóvil.

RALF   Aquello fue un accidente.

INGRID   Nuestro hijo tiene razón, aquello fue un accidente.

RALF   Las armas son nuestra mejor defensa.

MARTIN   ¿Contra la enfermedad o contra la ignorancia? No lo pillo. No sé cómo has podido pasar el examen... No me respondas, hasta el más subnormal de los subnormales lograría pasarlo... Basta con responder no a todo. ¿Pretende usted matar a alguien? No. ¿Pretende usted realizar un atraco? No / ¿Pretende usted...

RALF   No confías en mí.

MARTIN   Pues no.

RALF   En el examen, juré usar la violencia solo en casos de vida o muerte.

MARTIN   Ese es el verdadero problema de fondo: creer que la violencia nos puede salvar del destino. Pero ni el destino / ni la violencia...

RALF   Te has quedado anticuado, papá.

INGRID   ¡Basta! (RALF *desaparece*.) ¿Por qué...?

MARTIN   Yo no he colgado esta vez.

INGRID   Habrá sido él, para no tener que escucharte.

MARTIN   La conexión no siempre es estable... ¿Está utilizando una de nuestras tarjetas de crédito?

INGRID   Tú se la diste, ¿no?

MARTIN   Pero no para gastos superfluos.

INGRID   Las llamadas no son /

MARTIN   ¿Y la pistola?

INGRID   Es necesaria, ya lo has oído. (MARTIN *responde con un mal gesto*.) Imagínate que en el campus a alguien le da por contaminar indiscriminadamente, o que se droga más de la cuenta y pierde el control... Esas cosas pasan. Alguien tiene que parar una locura así.

MARTIN   ¿Tu hijo, un héroe?

INGRID   El único que tenemos.

MARTIN   Él no tiene madera de héroe, ni tampoco de...

(INGRID *se dirige hacia donde está* MARTIN. *Lo abraza*.)

INGRID   No haces nada por ayudarlo. Siempre en contra... ¿No te das cuenta? Tu hijo está buscando su camino... Se siente desorientado.

MARTIN   Es un auténtico gilipollas.

INGRID   Solo está ciego. Pero él no lo sabe. Deberías /

MARTIN   A mí no me escucha.

INGRID   Se siente solo.

MARTIN   Yo también me siento solo, a veces, y no por eso me da por /

INGRID   ¡Qué importa una pistola más!... Todos sus amigos la tienen.

MARTIN   No deberíamos...

INGRID   ¿Qué?

MARTIN   Lo siento. Sé que no te va a gustar lo que voy a decir... Pero nunca debimos correr el riesgo de tener un hijo.

INGRID   No piensas lo que dices. No pones filtros entre tu cabeza y la boca. Los hijos salen como salen y hay que aceptarlos.

MARTIN   ¿Por qué?

INGRID   Eres un animal.

MARTIN   ¿Yo?

              (MARTIN *aprieta a* INGRID *entre sus brazos, con fuerza.*)

INGRID   Los seis primeros años fueron magníficos. Un niño alegre, inteligente y obediente... La envidia de medio mundo... Pero pasó algo...

MARTIN   No pasó nada.

INGRID   Se fue encerrando cada vez más...

MARTIN   Todos los niños lo hacen.

INGRID   Pasó algo...

MARTIN   Fue a raíz de aquel regalo.

INGRID   Me haces daño.

MARTIN   Te has vuelto muy sensible.

INGRID   El daño es algo que me pertenece a mí. Yo soy quien...

MARTIN   Era un videojuego inapropiado.

INGRID   Fue la televisión. Decidimos que tuviera su propia televisión en su cuarto. Eso fue lo que pasó.

MARTIN   Y un móvil de última generación para que pudiéramos saber que estaba bien en todo momento.

INGRID   Un simple móvil.

MARTIN   Hicimos de él un monstruo.

(INGRID *logra soltarse.*)

INGRID   No exageres.

MARTIN   Se convirtió en un niño violento. Se pegaba con el resto de los niños. No lograba tener ni un solo amigo, y todo porque era un niño consentido, maleducado, impresentable... Llegó un día que /

INGRID   Tú no entendías su mundo. Tú no hacías nada por /

MARTIN   Se dedicaba a perseguir bichos imaginarios. Bichos inexistentes, fantasmas, fantasmas, y más fantasmas... Y mientras tanto, los servicios de inteligencia utilizando la cámara de su móvil para recopilar datos de todos los lugares que visitábamos.

INGRID   Estás como una regadera. ¿A qué viene eso?

MARTIN   ¡Sabían lo que hacíamos! Estaban informados.

INGRID   Están informados de lo que hace todo el mundo. ¿Por qué te crees tan especial? Conocen las preferencias de todas las personas de este planeta. Están informados de los deseos de las personas y de sus capacidades para alcanzarlos. Lo hacen a través de cualquiera de los aparatos electrónicos que /

MARTIN   Había desconectado todas las aplicaciones sospechosas.

(Aparece HELEN *en el mismo lugar donde antes había aparecido* RALF. *Se trata de una mujer vieja y vestida con una horrible bata.)*

INGRID   ¿Todos los días tiene que venir?

MARTIN   ¿A qué te refieres?

INGRID   Ya lo sabes.

MARTIN   Yo no la he llamado.

INGRID   Los recuerdos no vienen solos.

MARTIN   Te digo que no la he /

INGRID   O ella, o yo.

MARTIN   No puedo creer que... ¡Mamá está muerta!

INGRID   Me da igual. No quiero verla más por aquí.

MARTIN   Es solo una imagen. Solo una imagen, ¿lo entiendes? No es tan difícil. Las imágenes por sí solas no hacen daño a nadie.

INGRID   De un momento a otro, dará su discursito. (HELEN *carraspea*.) ¿Lo ves?... (*A* HELEN.) ¿Y hoy, señora, de qué nos va a hablar?

HELEN   Hijo, no es por meterme en tus asuntos... Pero ese coche nuevo que te has comprado, ¿no consume mucho?

INGRID   Sobre el consumismo. Hoy toca el consumismo.

HELEN   Los motores diésel son muy contaminantes, y si encima vuestro carro es tan pesado...

INGRID   El consumismo y la sostenibilidad.

MARTIN   Déjala que hable.

INGRID   ¡Estoy de acuerdo con usted, señora! Pero no soporto oírlo una y otra vez.

HELEN   Tengo que reconocer que peor sería tener un avión privado.

INGRID   ¡Ya estamos!

MARTIN   Madre, vendimos aquel vehículo.

INGRID   No te escucha.

HELEN   Si me hubieras hecho caso... Te lo dije, vente conmigo... Deja que esos ricachones se peleen entre ellos.

INGRID   (*Riendo.*) ¡Tu madre siempre con aires de grandeza!

MARTIN   Madre, yo...

INGRID   No te escucha.

HELEN   Al menos, hubieras podido llevar una vida consecuente con nuestras ideas.

MARTIN   Pero tú...

INGRID   No te escucha.

HELEN   Vivir de acuerdo con las leyes de la naturaleza es lo único que nos reconcilia con la naturaleza.

INGRID   Genial.

MARTIN   La gente del campo se embrutece con el paso de los años. La gente del campo tiene terror a lo que no conoce y por eso...

HELEN   Este año tendré una cosecha de calabacines ecológicos realmente excepcional. De niño, te encantaba la tarta de calabacines.

INGRID   ¡La famosa tarta de calabacines!

MARTIN   (*A* INGRID.) ¡Calla!

HELEN   Y los pájaros del animalario están estupendos. En especial, una raza de jilgueros en vías de extinción. Ya estoy pensando cómo devolverlos a su medio. Comen que da gusto, y cada mañana me despiertan con sus trinos... ¿Sabes? Cuando muera, quiero que me entierren aquí, en el invernadero, justo donde está ahora la pajarera... Es un capricho... Ojalá pudieras dar el paso... Deja a esa estúpida y vente.

INGRID   ¿Tengo que aguantar esto?

HELEN   Aquí todo es más fácil. La huerta produce lo necesario para poder vivir: hortalizas, legumbres, verduras... Podemos criar gallinas, si tu quieres, y tener huevos camperos frescos con la yema naranja todo el año, y... (*La imagen de* HELEN *se queda parada, como congelada en el tiempo. Pero su voz sigue, aunque cambia de tono hacia otro más grave.*) Y el colapso se acerca. El colapso es inevitable. No hay más salida para el colapso que aceptar el colapso. El colapso es lo único cierto en todo esto. El colapso...

(*Silencio.*)

INGRID   (*Divertida.*) Se ha colgado. Tu madre se ha colapsado. (MARTIN *señala a su madre con el dedo, intentando que se mueva.*) ¿Por qué no pruebas a borrarla definitivamente? Al menos, el rostro.

MARTIN   Lo he intentado, pero no sé cómo se hace.

INGRID   Llama al servicio técnico.

MARTIN   He llamado, y me dicen que no tienen ni idea de por qué ocurre... y que además / están demasiado saturados como para...

INGRID   Quizá se trate de un fallo normal, como cuando un electrodoméstico se rompe exactamente a los cinco años y un día, un día después de agotarse la garantía.

MARTIN   Pero esta conversación es de hace más de veinte años. Ni siquiera había nacido Ralf. Mamá estaba obsesionada con la desigualad en el mundo, creía que la desigualdad provocaría el fin del capitalismo y que lo único que se podía hacer era aislarse en un invernadero.

INGRID   Ya entonces me veía como una...

MARTIN   ¿Qué? Te veía como el único obstáculo real para dar firme cumplimiento...

INGRID   ... A su lenta agonía.

MARTIN   Mi madre era una persona... con una educación e inteligencia exquisita. Su aislamiento fue consecuencia de sus ideales.

INGRID   Ella creía que yo...

MARTIN   ¿Qué?

INGRID   Nada. (*La imagen de* HELEN *se desvanece poco a poco.*) Si vuelve a aparecer, le tiro una silla a la cabeza.

(*Silencio.*)

MARTIN   Mis recuerdos de infancia están bañados por la permanente sospecha... No comíamos nada que fuera susceptible de estar contaminado por algún pesticida, insecticida o conservante... Pero eso no impidió que yo fuera feliz. En el fondo, intuía que todo lo que hacíamos tenía un hondo sentido... Como si nuestra manera de estar en el mundo fuera una eterna protesta.

INGRID   Tenemos que evitar que regrese.

MARTIN   Ella es un recuerdo encriptado en una nube. Hay noticias de que uno de los satélites se encuentra fuera de control y no hay forma de que vuelva a su órbita. Cada cierto tiempo, su sistema operativo realiza acciones al azar, de manera cíclica e indiscriminada...

            (MARTIN *se coloca de nuevo los prismáticos. Mira a través de la ventana.* INGRID *se sienta y regresa a su labor. Se balancea suavemente.*)

INGRID   Si el problema no se arregla, lo mejor será desconectarnos y punto.

MARTIN   Increíble.

INGRID   ¿Qué?

MARTIN   Esos tipos están /

INGRID   Al final, se van a dar cuenta de que tú...

MARTIN   Ahora resulta que su máxima prioridad es la paz internacional. (*Con retintín.*) No les preocupa que la gente se mate en las calles o en los campos de batalla, no les preocupa el elixir de la sangre que se derrama en cada genocidio, lo único que les preocupa es que la lucha por la paz pueda arruinar sus negocios... (*Ríe.*) ¡La lucha por la paz es mucho mas peligrosa que la paz misma!... ¿Pero de qué paz hablan? Seguro que ahora sacan el tema de los tratados internacionales y los tribunales de comercio.

INGRID   ¡Déjalo! Estamos siendo muy ridículos.

MARTIN   ¿Qué?

INGRID   Déjalo.

MARTIN   Yo tampoco creía que con unos simples prismáticos pudiera acceder al lugar desde el que se deciden asuntos tan / importantes...

INGRID   Déjalo.

MARTIN   ¿Qué tengo que?...

INGRID   Sé a lo que le das vueltas.

MARTIN   No lo sabes. Ni te lo imaginas.

INGRID   Planeas un magnicidio.

MARTIN   (*Girándose hacia* INGRID *y dejando caer los prismáticos.*) Paparruchas.

INGRID   Tenemos un presidente elegido democráticamente.

MARTIN   Pero si ni ellos mismos confían en él. Es un viejo zombie.

INGRID   ¿Ellos?

MARTIN   Ellos. Los dueños de...

INGRID   ¡Basta! Nuestro presidente tiene un equipo de asesores y ninguno de esos asesores esperan conseguir un trabajo como repartidores. El equipo de asesores...

MARTIN   Un equipo de ciegos. Ciegos siguiendo a ciegos. Tú misma lo dijiste.

INGRID   Lo mezclas todo. Mira, si esa gente fuera tan importante como dices, ¿no tendrían que estar en una habitación cerrada, en algún edificio menos... menos...

MARTIN   ¿Visible?

INGRID   Si ellos son quienes controlan a quienes nos gobiernan, deberían reunirse en un lugar más... más... discreto.

MARTIN   Sí, también a mí se me ha pasado mil veces por la cabeza eso mismo. ¿Cómo es que las ventanas no están tintadas? ¿Por qué no toman más precauciones?... Pero la respuesta es: nadie, nadie tiene ni idea de que ellos son los que realmente nos... No necesitan disimular. La gente sigue pensando que quienes ocupan el poder son aquellos a quienes votan.

Por eso actúan de modo tan despreocupado, y se reúnen en una vulgar estancia de un rascacielos, con absoluto descaro, sin ni siquiera correr una cortina para no ser vistos. Ellos saben que cualquiera que proclamara a los cuatro vientos lo que yo veo, sería tachado de conspirador... o de trastornado. (*Observando ligeramente a* INGRID.) ¿Te parece estrambótico?... Ten por cierto que las decisiones de esos individuos acabarán, sin duda, convirtiéndose en órdenes tarde o temprano. Ellos son el auténtico poder, representantes de los intereses de las principales empresas del mundo, defensores a ultranza de que todo siga funcionando como hasta ahora, bajo el mismo sistema de control, para que nadie pueda poner, tan siquiera, una maldita coma, y para que el dinero siga imperando con su brutal lógica asesina, decidiendo quiénes tienen derecho a la vida, y quienes no, para que las fábricas sigan fabricando. Ellos son el auténtico poder, pero no lo asumen interesadamente, te dirán, lo asumen para defendernos de la dictadura de las ideas, para defendernos de toda esa masa pensante dispuesta a provocar desórdenes para que todo vaya peor, muchísimo peor.

INGRID   Déjalo.

MARTIN   ¿Qué?

INGRID   Me producen escalofríos tus argumentos psi-
         co...

MARTIN   ... páticos y egosintónicos, dilo. Mira, hay un
         par de francotiradores apostados en la terra-
         za del rascacielos, y no hay actividad en las
         plantas superiores e inferiores. ¿No crees que
         son datos suficientemente reveladores?

INGRID   Como sigas así...

MARTIN   Tal vez esta reunión no es del todo secreta...
         Alguien, desde lo invisible, vigila a los nego-
         ciadores.

INGRID   Los vigilantes de las fronteras, son en realidad,
         las únicas personas realmente invisibles. El vi-
         gilante, en su caseta, controla el paisaje, pero
         los contrabandistas que caminan por los valles
         escapan a la mirada del vigilante. Ellos tampo-
         co desean ver a quien los vigila. Nadie ve al vi-
         gilante porque al mirar hacia él se delataría...

MARTIN   Siempre hay alguien vigila a los vigilantes sin
         que los vigilantes lo sepan.

INGRID   ¿Tú?

MARTIN   ¿Yo?

INGRID   Desde hace años no haces otra cosa.

MARTIN   Ahora entra una camarera con un carrito con abundante comida...

INGRID   A ver... (INGRID *se levanta como accionada por un resorte y le quita los prismáticos a* MARTIN. *Mira a través de ellos.*) No veo nada.

MARTIN   Cada vez que tocas los prismáticos lo desenfocas todo.

INGRID   ¿Todo?

MARTIN   El paisaje, los edificios, el cielo, el horizonte...

INGRID   ¿Qué horizonte? (*Retirándose los prismáticos y mirando a través de los cristales de la ventana.*) ¿Por qué hay tanta gente en la calle?

MARTIN   Es domingo.

INGRID   Te equivocas, es lunes.

MARTIN   Será festivo.

(INGRID *mira su reloj.*)

INGRID   No.

MARTIN   Alguna oferta comercial por la compra de alguna novedad editorial.

INGRID   (*Tratando de ver lo que ocurre en el exterior.*) Es como si la gente hubiera perdido...

MARTIN   No habrá nada interesante en /

INGRID   … el / miedo.

MARTIN   … la tele.

(INGRID *deja de mirar por la ventana y se pasea por la estancia. Pone los prismáticos encima de una mesa.*)

INGRID   Tanto bullicio me altera los nervios.

MARTIN   Hace una tarde estupenda. Podríamos salir también nosotros a pasear. Si no fuera por...

INGRID   ¿Qué?

MARTIN   (*Cogiendo los prismáticos.*) Estoy pendiente del resultado del encuentro. (*Mirando con los prismáticos a través de la ventana.*) Me preocupa que se tomen decisiones inapropiadas. Corren tiempos convulsos y podríamos estar ante un acontecimiento extraordinario...

INGRID   El tiempo es siempre convulso.

MARTIN   Lo creas o no, en juego están nuestras /

INGRID   Lib /

MARTIN   Es muy probable que de este encuentro salgan decisiones que nos afecten de lleno. ¡Guau! La mujer de rojo se pavonea delante de los demás.

INGRID   Siempre te han gustado las señoritas. En el fondo, eres un cerdo.

MARTIN   Ahora mira a través de los ventanales. Levanta las cejas. Parece una señal... Mira... Mira en esta dirección. (MARTIN *se retira repentinamente los prismáticos. A continuación, se queda mirando desconcertado a* INGRID.) Estás salivando.

INGRID   ¿Qué?

MARTIN   Nada.

INGRID   ¿Nada?

MARTIN   Estás salivando. Estás deseando salir a la calle.

INGRID   No.

MARTIN   Te gusta corretear entre la gente y saludar a todo el mundo.

INGRID   He dicho que no.

MARTIN   No tienes por qué avergonzarte de tus propios reflejos psíquicos. Déjame comprobar tu pulso.

INGRID   No estoy excitada.

MARTIN   Quizá tú no te des cuenta, pero las huellas de excitación son visibles a simple vista.

INGRID   ¿Qué huellas?

MARTIN   Huellas anteriores... Te da placer salir a la ca-
            lle cuando la temperatura es agradable y hay
            tanta gente como tú... Ese placer genera las
            huellas de las que te hablo.

INGRID   Tú también estás salivando.

MARTIN   Pero mi saliva es mucho más líquida que la
            tuya. Eso significa que lo que veo...

INGRID   Te gusta.

            (MARTIN *vuelve a mirar a través de los prismá-
            ticos.*)

MARTIN   Están redactando una lista con los países ami-
            gos y otra con los enemigos, una lista con paí-
            ses ricos y otra con países pobres, una lista
            con países a masacrar y otra... ¿Y si lo que pasa
            es que se ha producido un cisne negro?

            (*Aparece* RALF.)

RALF   (*Sin moverse del sitio.*) Ya tengo la pistola.

INGRID   ¿Ya?

RALF   Hay una armería dentro del campus, y este
            modelo es de los más solicitados. (RALF *mues-
            tra, ufano, su pistola.*) ¿Verdad que es mona?

INGRID   Ten cuidado con ella, hijo.

RALF   ¿Y papá?

INGRID   En la ventana... Está empeñado en defender...

RALF   ¿Aún...?

INGRID   Ya sabes.

RALF   Menudo chiflado.

INGRID   No. Eso no.

RALF   Deberías vigilarlo.

INGRID   Tiene ratos...

RALF   Lo siento. Creía que iba mejor. ¿Podrías mover la cámara...?

INGRID   Está atada a la lámpara, no puedo. Hay una mosca en la lámpara, ¿la oyes? Hace una sombra preciosa.

RALF   ¿La mosca?

INGRID   Tú no te preocupes. Esa mosca...

RALF   ¿Qué pasa, mamá?

INGRID   Nada. Esas apariciones... Algo le pasa al receptor... y de pronto... tu...

RALF   ¿La abuela?

INGRID   Son llamadas perdidas en el espacio tiempo.

RALF   Llamadas / perdidas...

MARTIN   ¡Increíble! Están hablando de forzar cambios inminentes en los gobiernos de ciertos países clave, y los están enumerando, / empezando por...

RALF   ¿Qué dice?

INGRID   Nada. No se te ocurra hacer nada malo, hijo. (RALF *maneja con habilidad el arma y apunta a* INGRID. *Protegiéndose.*) No me asustes.

RALF   Nos separa la distancia.

INGRID   Bendita distancia. (RALF *esconde su arma de manera precipitada.*) ¿Qué pasa?

RALF   Tengo que cortar.

              (RALF *desaparece.*)

INGRID   Adiós, hijo.

MARTIN   (*Bajando los prismáticos y frotándose los ojos.*) Nos creemos más inteligentes que cualquier otro animal, solo porque comprendemos el daño que somos capaces de hacer a pesar de no poder evitarlo, gracias a...

INGRID   ¿A qué viene eso ahora?

MARTIN   … ser capaces de adaptarnos mejor a las nuevas exigencias del medio, cuando en realidad…

INGRID   ¿Qué hora es?

MARTIN   … lo único que hacemos es modificar las situaciones para convertir lo inhabitual en…

INGRID   Las ocho.

MARTIN   … habitual.

INGRID   ¿No tienes hambre?

MARTIN   Sigo sin apetito.

INGRID   ¿Estás bien?

MARTIN   Estoy cansado.

                   (INGRID *toma entre sus manos el jersey que está a punto de terminar y se lo muestra a* MARTIN.)

INGRID   Dicen que hacer cosas a mano, alarga la vida.

MARTIN   También decían eso mismo de leer libros.

INGRID   ¿De qué color lo imaginas?

MARTIN   ¿El jersey?… ¿Rojo?

INGRID   Acertaste.

MARTIN   Casualidad.

INGRID   Me gustaría ver, por un momento, el mundo en blanco y negro.

MARTIN   Te sorprenderías de la infinidad de matices.

INGRID   Pienso en ese cuento de las ovejas de colores... Si no te ves a ti misma de ningún color, ¿cómo saber en qué grupo integrarte? *(Silencio.)* ¿Por qué no probamos a hacer un largo viaje?

MARTIN   ¿E ignorar lo que vemos?

INGRID   Somos ignorantes.

MARTIN   Malditos topos ignorantes, pero nos gusta nuestra ignorancia porque nos protege de las preguntas.

INGRID   No hay nada que resolver.

MARTIN   La just /

INGRID   Calla.

MARTIN   ¿Por qué?

INGRID   Nombrarla no hará que se haga realidad.

MARTIN   Ni siquiera sabemos si existe. Pero podríamos estar al borde de un abismo. Podría ocurrir que nos creyéramos ciegos sin serlo y...

(INGRID *interrumpe a* MARTIN *con su risa.*)

INGRID   ¡Esa misma pesadilla tuve yo! (*Durante unos segundos,* INGRID *ríe y* MARTIN *la observa. De pronto,* MARTIN *apunta con el dedo índice hacia el lugar donde aparecen las conexiones.*) No vas a conseguir nada. Ella viene cuando quiere. (MARTIN *pone los prismáticos encima de una mesa.*) Un largo viaje nos ayudaría.

MARTIN   Los vigilo a todas horas, con el fin de comprender los movimientos de quienes realmente son nuestros dueños y comprobar que no cometen auténticas estupideces... Pero soy consciente de lo agotador de esta tarea... No sé cuánto tiempo más podré... ¿Un viaje?

INGRID   Alrededor del mundo.

MARTIN   Estamos embarrados en él. Será un viaje imposible. (*Suena un timbre.* MARTIN *acude a abrir. A los pocos segundos, regresa con dos paquetes entre las manos. Comienza a desenvolver uno de ellos.*) Humus y semillas de distintos tipos de plantas comestibles.

INGRID   ¿Pero aquí?

MARTIN   Por suerte tenemos una ventana grande. Entra luz de sobra. Y de cara al invierno, podemos comprar una bombilla de gran potencia... ¿Qué te parece?

INGRID   No sé... (MARTIN *desenvuelve el otro paquete. Es una jaula con un jilguero.* INGRID *se tapa los ojos.*) Tengo miedo a...

MARTIN   Pero te gusta hacer de espantapájaros.

INGRID   Por eso mismo.

II

Invernadero en ruinas con una pajarera vacía al fondo.

MARTIN *podando un pequeño árbol en el que solo quedan unas pocas hojas verdes.* HELEN *virtual dentro de la pajarera.*

HELEN   Alguna vez leí, no sé dónde, que la madurez solo entra tras presenciar la muerte de un ser querido. Yo estaba muy unida a él. Hablo dè tu abuelo, de mi padre. Lo adoraba. Supongo que esto es lo normal en una niña. Él tan cariñoso conmigo, y yo... Mi amor, me decía, para referirse a mí. Mi niña. Una tarde, mientras paseábamos a caballo… cayó fulminado tras golpearse con una rama. Fue un accidente estúpido. Vi cómo su cuerpo se derrumbaba y caía al suelo. Me bajé del caballo y corrí hacia a él. Estábamos en medio del monte. Teníamos por costumbre salir a cabalgar sin móviles, para que nadie nos molestara. Para desconectar, decía él. Se murió en mis brazos sin que yo...

MARTIN   Nunca me habías contado eso.

HELEN   Falleció cuando yo aún era una niña.

MARTIN   La supervivencia depende de la comprensión de las relaciones entre las causas y los efectos. Fue una falta de previsión.

HELEN   (*Sin moverse del sitio.*) Debiste haber venido antes, cuando todavía era posible el inicio.

MARTIN   Hemos regresado a un estadio primario de reacciones fuera de control.

HELEN   Decidí tenerte porque quería un hijo. No quería un marido, ni un amante, solo un hijo. Y te tuve. ¿En qué piensas?

MARTIN   La mayor parte de los individuos de la especie humana se mueven empujados por instintos primarios. Especialmente los del género masculino. Hombres que forman un grupo con el propósito de violar a una pobre muchacha en un descampado, hombres y mujeres que torturan en las cárceles siguiendo pautados rituales, seres humanos que forman círculos para disfrutar con el sufrimiento de otros animales... El mundo se ha convertido en un inmundo. ¿De qué sirve la educación? ¿Dónde han ido a parar las buenas costumbres?

HELEN   Tu abuelo era el dueño de una importante cadena de empresas de todo tipo. Cuando él murió, yo pasé a ser... su mujer, es decir, tu abuela, mi madre, había muerto hacía años. De ella poco hablaba, es como si nunca hubiera existido. No me preguntes por qué. Tal vez nunca existió y yo nací… El asunto es que a los doce años me vi dueña de un imperio… Y sigo siéndolo, aunque ahora, los límites de esas empresas se pierdan en confines desconocidos.

MARTIN   El mundo en el que vivimos, está dominado por lo virtual. Lo virtual ha logrado crear abundantes redes, círculos, grupos... que potencian y dan prioridad al pensamiento grupal. En ellos, la imaginación se desata tras los hechos. Por eso es tan importante grabar esos hechos, grabar las violaciones, las torturas, la barbarie... La visión digital de los actos estimula la imaginación y hace que los individuos se sientan vivos. ¿Te das cuenta, madre? El proceso se ha invertido: El hombre primitivo logró hacer fuego tras imaginar cómo se hacía. Durante milenios, los avances se abrían paso gracias a la imaginación. Y a medida que la imaginación aumentaba, el cerebro se hacía más y más grande para albergar un mayor número de...

HELEN   Te tuve, en parte, para dar cumplimiento a los deseos de tu abuelo. Él creía que el mundo se acababa si alguien de su sangre no heredaba su emporio. Tu abuelo no podía conocer mi desinterés por...

MARTIN   … conexiones /

HELEN   … todo. Todo ese mundo que él había construido casi por casualidad. Desde un pequeño taller hasta llegar a una gran sociedad tenedora que abarcaba medios de transporte, industria farmacéutica, factorías de refrescos, fábricas de armamento...

MARTIN   Por fin lo he comprendido: La única salvación para la inteligencia es el aislamiento, la huida del grupo, la resistencia a formar parte, la lucha contra el alineamiento, el regreso a la auténtica intimidad. Quiero dejar de ser posible, que nadie pueda vigilarme. Esta es la auténtica resistencia.

HELEN   Eres uno de los doce hombres más ricos del mundo.

MARTIN   Tenemos que cambiar el orden de los acontecimientos que nos amenazan.

HELEN   Tú y yo, juntos, lo hubiéramos conseguido. Te lo pedí tantas veces, hijo...

MARTIN   Era joven. Quería disfrutar... Liberarme de cualquier responsabilidad. Y tú me empujabas una y otra vez para que tomase conciencia.

HELEN   ¿Y ahora?

MARTIN   A veces, se me pasa por la cabeza comprar una porción de este planeta para construir un país de... de auténtica... utopía. Un país donde reine la solidaridad. Sueño con esa palabra todos los días, a cada instante.

HELEN   Me alegra tanto oírte hablar así.

            (*Silencio.*)

MARTIN   Ellos lo saben, conocen mis sueños.

HELEN   ¿Ellos?

MARTIN   Me acechan para que no haga una tontería ca-
            paz de acabar con...

HELEN   Con razón. Hay un antecedente.

MARTIN   ¿Tú?

            (*Silencio.*)

HELEN   Líbrate de ella.

MARTIN   ¿De quién?

HELEN   No te hagas el tonto.

MARTIN   ¿Ingrid?

HELEN   No todo lo que amamos es beneficioso.

MARTIN   Déjala en paz.

HELEN   Está de parte de ellos. Siempre fue un topo.
            Te casaron con esa mujer para que no te des-
            viases del rumbo establecido, y para que hi-
            cieses siempre lo correcto.

MARTIN   ¿Y tú, por qué no hundiste el emporio del abuelo cuando pudiste? Podías haber malvendido todo y donar después los beneficios a favor de cualquier causa benéfica... Nos hubiéramos ahorrado esto.

HELEN   Sabía que me lo preguntarías.

MARTIN   ¿No vas responder?

HELEN   No.

          (*Pausa.* MARTIN *deja de podar y recoge unas semillas del suelo.*)

MARTIN   Recuerdo que querías hacer un banco de semillas...

HELEN   Y lo hice. Convertí todo lo que ves en un gran semillero de especies naturales no manipuladas genéticamente. Pero...

MARTIN   ¿Pero...?

HELEN   Un día me di cuenta de que no podía dar un paso más sin enfrentarme a mi destino. Sabía que poco podía hacer, sabía que la maquinaria iba a seguir funcionando fueran cuales fueran mis decisiones... pero también sabía que al menos tenía que intentarlo.

MARTIN   Y lo intentaste.

HELEN   Nada salió como tenía previsto. Me... Ya sabes... Y después de eso, ya no quise salir de aquí. Sobrevivía con lo mínimo.

MARTIN   ¿Qué te hicieron?

HELEN   Como venganza, me negué a recibir los beneficios que generaba el universo del que era dueña, pero que ya no controlaba... (*Titubeando.*) Tú habías comenzado tus estudios. Te encantaban las armas... Habías comprado una... Te gustaba beber... No es difícil simular un... Tú eras mi vida.

(*Silencio.*)

MARTIN   Ahora resulta que estoy vivo gracias a tu valentía.

HELEN   Dime que te desharás de toda la fortuna que heredaste.

MARTIN   No estoy seguro de poseer el mismo desinterés que tú.

HELEN   Sabes muy bien que todo lo que tienes fue conseguido con dolor. El mismo dolor ajeno que...

MARTIN   Lo sé, lo sé. El planeta se consume por culpa de la avaricia y la especulación. Este planeta está consumido por el dolor ajeno...

HELEN ... que protege al planeta en su conjunto. El dolor ajeno que nos obliga a buscar protección para no sufrirlo y...

MARTIN Podríamos hacer como si no lo supiéramos, como si fuéramos los ganadores de un juego limpio librado por nuestros / antepasados.

HELEN Asediaron aquella ciudad durante años. Se sometió a la población a un brutal bombardeo. Murieron cientos de miles de personas, la mayoría niños.

MARTIN ¿De qué hablas ahora?

HELEN Cuando entraron las tropas en la ciudad...

MARTIN ¿De qué hablas?

HELEN De aquel día, del día que caí en la cuenta...

MARTIN Pero esa ciudad...

HELEN Estaba lejos.

MARTIN ¿Entonces?

(*Silencio.*)

HELEN Vino a visitarme un directivo que trabajaba en la empresa. No sé cómo había averiguado dónde vivía. Me contó algo que me llenó de espanto... Yo me negaba a darle crédito, y él me mostró, entonces, un vídeo... Los supervivientes estaban muy enfermos, se morían de hambre y habían enloquecido. *(Silencio.)* Vagaban por entre las ruinas, sumidos en el delirio. Se mataban entre ellos. ¿Sabes qué cantidad de mierda hay que echar sobre una ciudad para provocar...? *(Silencio.)* Esa mierda la fabricaba nuestra empresa. Me pregunto si mi madre sabía... y por eso... La empresa que yo había heredado cuando tenía tan solo doce años por culpa de un accidente a caballo. ¿Lo entiendes?... Nuestra empresa estaba desarrollado armas que provocaban el horror absoluto. Nadie nos podía acusar de colaborar con criminales de guerra, eso es cierto. Nadie podía decir que no hacíamos lo correcto. Los negocios son los negocios. Nuestra empresa no ejecutaba, solo facilitaba los medios... Pero...

MARTIN   ¿Es eso verdad?

HELEN   Inmediatamente convoqué un consejo de administración, estaba dispuesta a todo, incluso a revelar nuestra complicidad con el genocidio.

MARTIN   Yo tenía diecinueve años. Acababa de adquirir una pistola.

HELEN   ¿Tú...? *(Silencio.)* Tenía que haberlo imaginado.

(MARTIN *se acerca a* HELEN. *Toca su vestido.*)

MARTIN   Me engañaron. No sabía lo que hacía. Es posible que me drogaran… Pero luego hice todo lo posible para recuperarte. Yo fui quien decidió que habitaras en la nube… Encargué una copia de todas tus conexiones cerebrales… (*Elevando el tono.*) ¡Si estás aquí es gracias a que…!

HELEN   No hace falta que te disculpes. Si me diste muerte fue por…

MARTIN   Me dijeron que habías perdido la cabeza y que pensabas regalar todas las acciones a una vulgar organización animalista.

HELEN   Qué barbaridad.

MARTIN   Pensaba que solo te daríamos un susto.

HELEN   Tú entre los encapuchados. Pero te exculparon.

MARTIN   Fue la manera de comprar mi silencio…

HELEN   … para el resto de tu vida.

MARTIN   Yo entonces no sabía…

HELEN   Yo era tu madre.

MARTIN   … que a veces los actos tienen consecuencias indeseables.

HELEN   Quiero conocer al detalle cómo fue mi muerte.

(*Se produce una especie de cortocircuito.* HELEN *desaparece repentinamente y en su lugar aparece* INGRID. MARTIN *intenta esconderse detrás de unas plantas.*)

INGRID ¿Martin?... ¿Dónde estás?... No te escondas. Sé que estás por ahí. (*Mirando a su alrededor.*) O sea que este es el lugar donde creciste... Es tal y como lo imaginaba. Está muy abandonado pero tuvo que ser un lugar precioso.

MARTIN (*Saliendo de su escondite.*) ¿Qué quieres?

INGRID Te echaba de menos.

MARTIN Necesito estar solo.

INGRID ¿Has hablado con ella, verdad?

MARTIN Este es su...

INGRID No lo digas. No soporto oír esa palabra.

MARTIN ... sarcófago...

INGRID ¡Calla!

MARTIN ... virtual. Desde aquí hace todas sus llamadas.

INGRID Pero tú decías que había una avería en un satélite.

MARTIN   Ella sigue existiendo como... (INGRID *se tapa los oídos para no escuchar a* MARTIN.) ... ente artificial.

          (INGRID *mueve la cabeza a un lado y a otro.*)

INGRID   Nos está destrozando. ¿Por qué se conecta contigo?

MARTIN   Se conecta porque quiere. Soy su hijo. Es lógico que intente hablar conmigo. Es lógico que quiera comprender...

INGRID   (*Quitándose las manos de los oídos.*) ¡Quema este lugar! No permitas que te siga manipulando.

MARTIN   No podría hacerlo aunque lo deseara con todas mis fuerzas.

INGRID   No te entiendo.

MARTIN   Hay pulsiones que provienen desde lo más hondo.

INGRID   Nos destruirá.

MARTIN   ¿Por qué? (INGRID *no responde.*) ¿Por qué? ¿Por qué crees que nos destruirá? ¡Responde!

INGRID   ¿Qué tengo que responder?

MARTIN   Crees que te odia... ¿Qué sabes tú?

(*Silencio.*)

INGRID   Nuestro hijo acaba de llamar y...

MARTIN   ¿Y?

INGRID   No sé... No me fío de él. Bebe demasiado... Sé que es incapaz de hacer daño a nadie, pero su inconsciencia... Todavía es un niño... Quizá haya llegado la hora de explicarle quién es él realmente, quienes somos nosotros, y de lo que tendrá que hacerse cargo cuando tú pierdas...

MARTIN   Ingrid...

INGRID   ... la cabeza.

MARTIN   No voy a volver.

INGRID   ¡Lo sabía!... Ella es solo un dibujo animado con respuestas automatizadas. Ella no es como tú la ves. Ella solo es como tú la quieres ver. Está programada para alterar tus razonamientos. Es un programa que maneja tus mejores recuerdos.

MARTIN   Está viva.

INGRID   (*Fuera de sí.*) ¡Tus recuerdos están manipulados! Tú mismo los manipulas bajo sus órdenes.

MARTIN Sigue teniendo un comportamiento imperativo como cualquier ser vivo: trata de conservar su existencia y la de su especie.

INGRID Si no vienes...

MARTIN ¿Qué?

INGRID Sabes que tu sitio está conmigo. (INGRID *le muestra los prismáticos.*) Cariño, tus visiones te están esperando. Hay unos tipos que tratan de evitar que no se consume el desastre. Nuestro país ha caído en manos de una familia de dementes. Quieren levantar... (*Pausa.* MARTIN *hace un gesto de incredulidad.*) Tenías razón. Perdona por no creerte. Tenías razón. Hace un rato me dio por mirar y... están nerviosos... Como si faltara alguien... Pero seguían siendo once. Once personas reunidas...

MARTIN ¿No decías que eran aspirantes...?

INGRID Me necesitas, amor. Sabes que me necesitas.

(MARTIN *apunta con el dedo a* INGRID. *Esta desaparece. Permanece reflexivo durante unos segundos, y a continuación,* MARTIN *sale. Aparece* HELEN *en el mismo lugar donde apareció antes. Busca con la mirada a* MARTIN.)

HELEN Tienes la oportunidad de reconciliarte con tu pasado... Hijo, ¿me estás escuchando?... Podríamos comprar una porción de este planeta para construir un país de... de auténtica... ¿Estás ahí?... Tengo un nombre, sí, lo tengo: La isla de rojo.

(*Entra* MARTIN *con una azada en la mano.*)

MARTIN   Tú y yo no sabemos cómo es el rojo.

HELEN   Ven, siéntate a mi lado. Tenemos un montón de cosas que planear.

MARTIN   Habría que limpiar todo esto para volver a replantarlo. Hay mucho trabajo por hacer.

HELEN   Cosas más importantes nos aguardan.

MARTIN   ¿Cuales?

HELEN   Construir ese país del que hablábamos hace un momento. ¿Es que no me escuchas? ¿Acaso no te gusta el nombre?

MARTIN   No estoy seguro / de que eso...

HELEN   Una vez comprado el territorio, podríamos establecer un rígido / control...

MARTIN   ... sea lo prioritario.

HELEN   ... de armas. La violencia es el origen de /

MARTIN   La violencia no solo se ejerce con las armas. Habría que intervenir pedagógicamente...

¿Dónde están aquellas semillas de tomate de montaña tan sabroso? / Por un momento...

HELEN   Con el deshielo causado / por el cambio climático...

MARTIN   ... me ha venido a la cabeza el olor de ese / tomate y...

HELEN   ... aparecerán amplios territorios libres de dominio. No será difícil adquirirlos. Y tú solo tienes que... ¿Qué decías?

MARTIN   Hablaba de aquellos tomates que cultivabas en un rincón del invernadero. El suelo estaba cubierto con cantos rodados para que actuaran de filtro... Desconfiabas, incluso, del agua corriente... El olor de esos tomates era tan intenso... Y su color rojo intenso...

HELEN   El rojo es el color de la fraternidad. Lástima que tú / y yo...

MARTIN   Cuidabas esos tomates como si fueran tus auténticos hijos.

HELEN   No puedo acordarme.

             (MARTIN *mira con recelo a* HELEN.)

MARTIN   ¿No eres mi madre, ahora?

HELEN   Sigo siéndolo. Pero hay cosas que no puedo hacer ni sentir.

MARTIN   ¿Qué?

HELEN   No puedo oler, ni tampoco reproducir olores, ni siquiera recuperarlos de mi memoria. (MARTIN *se queda mirando a* HELEN, *extrañado.*) Cuestión de química. Mi actual cerebro es incapaz de producir sustancias. Mi cerebro, ahora, es un órgano digitalizado compuesto por millones de conexiones artificiales capaces de imitar el antiguo funcionamiento de la inte...

MARTIN   Pero tú me ves. Ahora mismo me estás mirando.

HELEN   Solo te intuyo. Atiendo al origen de tu voz.

MARTIN   Sabes lo que voy a decir a cada instante. Eres como un jugador de ajedrez programado que ha aprendido todas las respuestas posibles de su contrincante. Tu inteligencia no es...

HELEN   Podemos mantener una conversación. Eso es lo único que importa.

MARTIN   Antes... Me colgaste... Yo te acababa de confesar /

HELEN   No te colgué. Hubo una interferencia.

MARTIN   ¿Y no sientes...?

HELEN   (*Suspira largamente.*) Lo que pasó, pasó.

MARTIN   Pero yo necesito que me perdones. (*Suena un ruido de cortocircuito y* HELEN *se queda paralizada.* MARTIN *apunta con el dedo índice, intentado que su madre vuelva en sí. Al ver que no consigue nada, desiste.*) La instalación está vieja. Debería repararla. (MARTIN *comienza a cavar en un trozo de tierra, en el suelo de la pajarera.*) Aquí fue donde enterramos tus cenizas, tal y como habías pedido... Me cuesta aceptar que en realidad tu cuerpo caliente no exista y que solo eres... Tú querías que fuera como tú... Me pregunto si te gustaría que me inmortalizase de la misma manera que tú, una vez que... Podríamos hablar virtualmente (*Se ríe.*)... ¿Hasta cuándo vas a existir? Supongo que es la empresa la que paga tu mantenimiento por orden tuya. ¿No es así?... (*Silencio.*) Es extraño, la gente sueña con adquirir poder a toda costa y tú sin embargo... Ceguera cromática. Es eso lo que de verdad nos une, la incapacidad para distinguir los colores tal y como son. Todo en blanco y negro, o en color sepia... Cuando yo era niño, nos quedábamos durante largo rato mirando al mar, imaginando cómo sería el azul ultramar... Ese azul que solo lográbamos vislumbrar de manera muy débil, a primera hora de la mañana, o al atardecer... Nuestro cerebro no está preparado para percibir diferencias entre distintos tipos de onda. Todo lo mezcla. Todo lo convierte en suma. Todo lo lleva hacia el gris... Nuestros pensamientos flotan sobre una laguna difusa en la que abunda la confusión, millones de matices de confusión capaces de agudizar la intuición pero que nos impiden distinguir nada de la misma forma que cualquier otra persona... Aunque quisiéramos, no podríamos ordenar, decidir el futuro de otros... Porque, sencillamente, no somos capaces de separar las personas por grupos, por clases, por colores.

(*De pronto,* HELEN *desaparece y todo queda a oscuras.*)

III

Mismo salón de vivienda que en el acto I, y en el que han crecido algunas plantas. Un jilguero vuela por el espacio. INGRID *revisando los jerséis de lana que hay encima de una mesa.* MARTIN *de puntillas, mirando a través de los cristales de una ventana, con los prismáticos.*

INGRID   ¿Cómo van las negociaciones?

MARTIN   Aún están deliberando...

INGRID   ¿Sobre tu propuesta?

MARTIN   Claro.

INGRID   Estarás orgulloso.

MARTIN   Al menos, la han tenido en cuenta.

INGRID   Demasiado ambiciosa.

MARTIN   Yo no calificaría de ambicioso desear un gran tratado de no agresión entre los pueblos, entre las personas...

INGRID   Quizá si pidieras algo menos...

(*Silencio.*)

MARTIN   No puedo creerlo. Es ella la que está más en contra... La única mujer en el grupo y la más agresiva... ¡Guau! Dice que las armas no son el problema sino las manos que las manejan... ¿Pero cómo saber cuándo se hace un buen uso de ellas?... Su argumento es completamente falaz. Dice que si no hubiera sido por las armas, Estados Unidos seguiría siendo un país esclavista, y / Alemania...

INGRID   Cuesta imaginar un mundo desprotegido y / a merced...

MARTIN   No somos capaces de gestionar el miedo. Tiene que haber una manera de poder vivir en libertad sin la apremiante necesidad de defendernos...

INGRID   Es complicado.

MARTIN   Solo un día. Solo pido un día: un día sin armas de ningún tipo.

INGRID   ¿El día mundial sin armas? En ese día, podrían ocurrir más asesinatos que nunca.

MARTIN   ¡Calla!... A uno de ellos no le parece del todo mal la propuesta. Creo que es el dueño de Explotaciones Petroleras...

INGRID   El petróleo ha dejado de ser un gran negocio.

MARTIN Dice que un mundo sin armas, aunque solo fuera por unas horas, incluso por una hora, o por unos minutos, podría servir de oportunidad para devolver la credibilidad a determinados organismos internacionales, sin los cuales tampoco sería rentable hacer negocios, especialmente cuando hacer negocios sin la ayuda del dinero ficticio de papá estado se ha vuelto tan complicado. Ese estado que controlan... (MARTIN *se gira hacia* INGRID. *Ella está como ausente.*) Crees que mi propuesta es una tontería... Y lo peor es que tienes razón. Pero no se me ocurre otra cosa. Le doy vueltas y vueltas y no sé cómo podríamos acabar con esa violencia que nos empuja a devorarnos... Las armas solo son la expresión de un instinto que se ha enquistado en nuestra naturaleza de humanos. No podemos hacer nada en contra de nosotros mismos.

(*Aparece de pronto* RALF.)

RALF (*Muy alterado, aunque sin moverse del sitio.*) ¡No sé cómo ha podido pasar!... Se puso como una fiera. No había forma de detenerlo. Se lío a golpes con su chica. Yo intenté separarlos y él, entonces, sacó un cuchillo.

INGRID ¡Hijo!

RALF Disparé. De la pistola salió una bala... Él cayó al suelo.

(MARTIN *no reacciona,* INGRID *corre hacia su hijo con un jersey rojo a medio hacer entre sus manos.*)

INGRID (*Preocupada.*) ¿Qué has hecho?

RALF No lo sé... Fue algo raro, como un latigazo... Como un impulso incontrolable... Ni siquiera había tenido la oportunidad de probar el arma antes.

MARTIN (*Sin quitarse los prismáticos de los ojos.*) En los actos involuntarios hay siempre un determinismo interno.

INGRID ¿Te das cuenta de que podrías ir a la cárcel por eso?... Solo se debe disparar en casos de legítima defensa o por el bien común.

RALF Él tenía un cuchillo.

INGRID ¿Y cómo era el cuchillo?

RALF Grande.

INGRID Entonces es / auto...

MARTIN Miente.

INGRID ... defensa.

MARTIN No te preocupes, mujer. Nuestro hijo no irá a la cárcel. Es un protegido del sistema. Ni siquiera tendrá que ir a juicio. Al contrario, le pondrán una medalla por evitar algo peor. Dirán que el oponente estaba contaminado.

RALF   Había más oponentes.

INGRID   ¿Más?

RALF   No pude evitarlo. Querían matarme.

INGRID   ¡Pero hijo!

RALF   Está entrado la policía en el edificio. No sé qué hacer.

MARTIN   Dile que se entregue.

RALF   No sé qué hacer con el arma.

INGRID   No te deshagas de ella, podrían pensar que quieres borrar pruebas. Pósala en el suelo, a tus pies, despacio, y luego levanta las manos.

RALF   ¿Y después?

INGRID   Lo mejor que puedes hacer es entregarte, tal y como dice tu padre.

RALF   ¿Eso dice mi padre?

MARTIN   (*Bajando los prismáticos y dirigiéndose hacia* RALF.) Las fieras atacan por hambre y las serpientes muerden para defenderse, antes de que cualquier otro ser vivo intente comérselas...

Solo el ser humano mata por el placer de contemplar la muerte en los cuerpos ajenos. La muerte despierta nuestra curiosidad y eleva el nivel de adrenalina en la sangre... Pero no temas, tú aún no has llegado a sentir eso, por fortuna... Por fortuna, sigues dominado por impulsos primarios adolescentes... Solo has matado a tu alrededor, solo eso. Se trata de un crimen ecosistémico. Es más, Freud diría que tu reacción instintiva tiene un origen claramente sexual.

INGRID   No le hagas caso, hijo. Tu padre vive absorto por...

MARTIN   ... la problemática mundial.

INGRID   (*Girándose abruptamente hacia* MARTIN.) Has enfermado de imaginación. ¿Te das cuenta?

RALF   Padre, ¿por qué has utilizado la palabra...?

MARTIN   ¿Qué?

RALF   Sexual.

MARTIN   Está comprobado que un individuo macho, al que se le ha inyectado una cierta cantidad de hormonas sexuales, se vuelve especialmente belicoso. Con toda probabilidad, para demostrar su fuerza y sus dotes como individuo sano y con excelente material genético de cara a la reproducción.

INGRID   Hijo, tenías que haberte controlado.

MARTIN   En los herbívoros, esta demostración de viri-
          lidad de la que hablo, termina con la muerte
          de los individuos más débiles: los competi-
          dores del macho alfa.

RALF   Pero esa chica... El objeto de la disputa... Yo
          ni siquiera la conocía. No entiendo lo que me
          ha pasado.

MARTIN   Te lo estoy explicando.

INGRID   Debes aprender a manejar...

MARTIN   No puede. Carece de inhibidores.

RALF   La policía...

INGRID   ¿Nuestro hijo?

MARTIN   No es capaz de reprimirse.

RALF   La policía viene...

INGRID   Nadie le ha enseñado a ponerse límites. Pu-
          dimos esforzarnos más. Si lo conseguimos con
          otros asuntos como lavarse las manos o los
          dientes...

MARTIN   Con lo cotidiano, es más fácil.

RALF   La policía viene hacia aquí.

INGRID   Las costumbres nos deberían enseñan a diferenciar...

MARTIN   ¿Estás queriendo decir que...?

INGRID   Me gustaría que, por una vez, actuaras como lo que eres: su padre. (MARTIN *apunta con el dedo índice a* RALF *y este desaparece.*) ¿Por qué lo has hecho?

MARTIN   Si quieres que hablemos sobre la educación de nuestro hijo, lo mejor es que él no esté presente.

INGRID   ¿Justo ahora? ¿Justo ahora que ha matado a no se sabe cuánta gente? Además, no sé por qué tienes que tener siempre el dedo índice puesto. No tienes derecho a...

MARTIN   Pensé que querías que habláramos.

INGRID   Y sí, quiero que hablemos, ¿pero tiene que ser ahora?... El chico está pasando un mal momento. La policía podría abrir fuego pensando que se trata de un asesino en serie. ¡No quiero ni pensarlo!

MARTIN   Tranquilízate.

INGRID   (*Repentinamente reflexiva.*) No nos hemos preocupado por el estado de...

MARTIN   ... los muertos y los heridos.

INGRID   Con algo de suerte, solo quedaron...

MARTIN   ... moribundos.

INGRID   No me gusta que frivolices.

MARTIN   Eres tú la que está... (INGRID *se echa a llorar.*)
              No sé a qué viene esa reacción.

INGRID   ¿Cómo puede ser que no te des cuenta?... Se
              acabó su sueño de ir a las olimpíadas.

              (INGRID *sale de la estancia y* MARTIN *vuelve a
              mirar a través de los prismáticos.*)

MARTIN   Se han ido... ¡Cabrones!... (*Buscando con los
              prismáticos en el resto de las ventanas del edifi-
              cio.*) No hay nadie... ¿En qué acabó aquello
              de todo en cuatro partes, incomunicadas en-
              tre sí y sin posibilidad de conexión?... ¿Ha-
              béis aprobado el proyecto sin mi? Sabéis que
              sin mí no podéis... (*Enfurecido.*) ¡Habéis ce-
              dido a las anticuadas ideas sexistas, racistas y
              belicistas que se han extendido por el mun-
              do! No podéis abandonar el barco... Idiotas,
              ¿es que no os dais cuenta?, también vuestras
              empresas acabarán siendo devoradas, tarde o
              temprano.

              (*Aparece* HELEN *en el mismo lugar donde antes
              había aparecido* RALF.)

HELEN   Nunca pensé que me dejarías sola.

(MARTIN *baja sus prismáticos, y se gira hacia* HELEN, *sin disimular su sorpresa.*)

MARTIN   ¿Qué haces aquí?

HELEN   Pensabas que desaparecería... si quemabas el invernadero. ¿No es cierto?

MARTIN   La nave estaba en muy malas condiciones. Tenía la intención de rehacerla desde los cimientos. Pero no fui yo quien prendió fuego.

HELEN   Te dijo ella que lo hicieras.

MARTIN   ¿INGRID?... No. La instalación estaba en mal estado. Hubo un cortocircuito.

HELEN   No hace falta que la defiendas. Yo jamás podré hacerle daño.

MARTIN   ¿Lo harías, si pudieras?

HELEN   No lo sé. (*Silencio.*) He comprado un territorio en el Ártico.

MARTIN   ¿Tú?... No es posible.

HELEN   Dejé todo apalabrado antes de morir... Solo se ha necesitado mi firma electrónica para hacerme dueña.

MARTIN   Tú ya no tienes nada.

HELEN   No te enteras. He comprado ese territorio para ti, para que puedas realizar tus sueños. Una isla de fraternidad y... ¿No es eso lo que querías...?

MARTIN   Las islas están para llevar allí a los contagiosos, a los locos, a los ilegales.

HELEN   Pero esa isla /

MARTIN   La borrarán de Google a la primera de cambio. Han puesto en marcha el proyecto Google Live Earth. ¿No lo sabías? Además, he cambiado de opinión.

HELEN   No hace mucho me prometiste que te quedarías conmigo. Que juntos daríamos ese importante paso...

MARTIN   Lo siento, soy un cobarde.

HELEN   Pero volverás a animarte.

MARTIN   ¿Desde dónde llamas?

HELEN   No puedo saberlo.

MARTIN   ¿Dónde está...?

HELEN   ¿El servidor?... En algún lugar del mundo.

MARTIN   Necesito saber exactamente...

HELEN   Nunca te daré ese dato.

MARTIN   Pero puedo averiguarlo. Lo virtual ha logrado sumir a la especie humana en un estado permanente de abatimiento, pero no hasta el punto de decidir sobre todos y cada uno de los individuos.

HELEN   No eres capaz /

MARTIN   Sí. Lo haré. Claro que lo haré, descubriré tu fuente, y te destruiré si vuelves a ponerte en contacto conmigo.

HELEN   No me gustan las amenazas. ¿Por qué has dejado de quererme? Sigo siendo tu madre.

MARTIN   Eso no es cierto.

HELEN   ¿Por qué has cambiado de repente? La sangre nos protege.

MARTIN   La sangre solo protege a los seres vulgares.

HELEN   Ya no eres tú.

(HELEN *desaparece.* MARTIN *deja los prismáticos encima de la mesa. A continuación se pasea por la estancia y echa agua con un pulverizador sobre algunas de las plantas. Finalmente, abre la ventana. Se escuchan ruidos procedentes del exterior. Entra* INGRID *con un móvil en la mano.)*

INGRID   No logro ponerme en contacto.

MARTIN   ¿A través del móvil? Sabes que Ralf ya no usa ese tipo de tecnología.

INGRID   ¿Qué has hecho? ¿Por qué has abierto la ventana?... Entra demasiado viento.

MARTIN   Precisamente. (INGRID *se sienta en la mecedora. Se balancea suavemente. El viento se hace cada vez más patente en el interior de la estancia.* MARTIN *inspecciona los jerséis que hay encima de la mesa.*) ¿Qué vas a hacer con ellos?

INGRID   ¿Los jerséis?... Ya lo sabes.

MARTIN   Dijiste que estabas haciendo...

INGRID   ... una colección. Una colección de jerséis con todos los colores posibles.

MARTIN   Eso podría ser interminable.

INGRID   No. Solo fabrican lana natural de treinta y seis colores distintos. (MARTIN *cuenta los jerséis.*) No te esmeres. Falta uno.

MARTIN   ¿Ah, sí? ¿Cual?

INGRID   El negro.

MARTIN   El... negro. Es el único color que es ausencia de todos los demás.

INGRID   O la suma de todos ellos.

MARTIN   En eso jamás nos pondremos de acuerdo. (*Silencio.*) Me pregunto si tú y yo lo vemos del mismo modo. El negro, me refiero. Leí en alguna ocasión que los rebaños del Medievo que recorrían Europa eran, en su mayor parte, de ovejas negras... El negro era el color más utilizado por la gente común, a causa del luto que tan tempranamente llegaba a todas las casas. Solo los rebaños cuya lana era destinada a la nobleza y la burguesía, eran blancos... ¿Curioso, no?

INGRID   ¿De dónde has sacado esa información?

MARTIN   No lo recuerdo.

INGRID   No veo la utilidad. La lana negra siempre será negra, en cambio, la lana blanca se puede teñir de cualquier color, también de negro.

          (MARTIN *se lleva uno de los jerséis a la cara.*)

MARTIN   Huele a lana pura.

INGRID   La lana pura ya no existe. Como tampoco existe todo aquello que nos protegía como si fuéramos parte de...

MARTIN   ¿Por qué dices eso? La lana natural es...

INGRID   Hemos perdido la capacidad de protegernos por nuestros propios medios. Continuamente...

MARTIN   Incoherente.

INGRID   ... necesitamos de los otros.

MARTIN   Nunca te había oído hablar así.

         (Silencio.)

INGRID   Tengo miedo.

MARTIN   ¿Miedo? ¿Por qué?

INGRID   Es un miedo profundo. Nunca lo había sentido.

MARTIN   No te preocupes, la policía sabe lo que hace.

INGRID   ¿Hablas en serio?

MARTIN   Sí.

INGRID   No hace mucho acribillaron a un pobre chico... El muchacho había salido de casa con una pistola. Él mismo la había fabricado con una fotocopiadora 3D, pero el arma estaba descargada. Caminaba por la calle y, de pronto, le dio por amenazar a los pájaros. Apuntaba al cielo, pero la gente que pasaba por allí se asustó...

MARTIN   ¿De qué color tenía la piel ese chico?

INGRID   La policía, cuando llegó, le gritó que bajara el arma, pero él era sordo, y seguía apuntando a los pájaros. Le metieron catorce balas.

MARTIN   Desgraciados. (*Silencio.*) He pensado en patentar un traje, una especie de armadura electromagnética capaz de desviar los proyectiles.

INGRID   ¿Patentar...?

MARTIN   La idea.

INGRID   ¿Y cómo...?

MARTIN   Lo mandaré desarrollar a nuestros ingenieros.

INGRID   Me parece bien.

MARTIN   Se podrían evitar muchas muertes...

INGRID   ... por disparos directos. Pero aumentarían por balas...

MARTIN   ... perdidas. Lo sé. (*Entra una fuerte ráfaga por la ventana que mueve los cabellos de* INGRID. *Ella se pone a hacer el espantapájaros. El jilguero se posa en uno de sus brazos.*) ¿Por qué haces eso?

INGRID   Para que no salga por la ventana.

MARTIN   Pensaba que los pájaros te daban miedo.

INGRID   También yo pensaba que les dábamos miedo a los pájaros. Pero nos necesitan más que nunca. (*Silencio.*) ¿Crees que aprenderá?

MARTIN   ¿Ralf?

INGRID   De los errores dicen que se aprende.

MARTIN   Solo cuando la inteligencia...

INGRID   ¿No confías en el ser humano, verdad? Crees que, pese a todo lo que sabemos, somos demasiado vulnerables, incapaces de no cometer los mismos errores, una y otra / vez...

MARTIN   Décadas de publicidad maliciosa han reblandecido / nuestros cerebros.

INGRID   No seguimos pautas /

MARTIN   Están incrustadas en el comportamiento. Somos incapaces de pensar de forma desinteresada, por el bien común, dejando a un lado los sentimientos de pertenencia a un territorio, a una especie, a una creencia, a una marca.

INGRID   Pero la inteligencia /

MARTIN   La inteligencia solo aparece cuando se rompe el estúpido automatismo del instinto.

(INGRID *mira hacia la ventana.*)

INGRID   Ha comenzado a refrescar. (MARTIN *se asoma a la ventana, sacando la cabeza hacia afuera. Entra bullicio.*) Está anocheciendo.

MARTIN   Y sigue la gente ahí...

(*De pronto, algo inquieta de sobremanera a* MAR-TIN. *Retrocede, apartándose de la ventana.*)

INGRID   ¿Qué sucede?

MARTIN   Están construyendo un muro al final de la calle.

INGRID   No hemos recibido noticias...

MARTIN   Al parecer, la violencia era insoportable. Hay comercios que han sufrido varios atracos en un mismo día. No me extraña que /

INGRID   Pero así, sin avisar... Podríamos aprovechar la ocasión para mudarnos a una zona más...

MARTIN   Estamos en pleno centro.

INGRID   Ya no se lleva vivir en el centro. La gente que puede se marcha a barrios más tranquilos...

MARTIN   … y permanentemente controlados con miles y miles de cámaras de seguridad. Seres de cristal.

INGRID   No soporto más esta / sensación...

MARTIN   En cambio, aquí no nos conoce nadie.

INGRID   … de perenne camuflaje.

MARTIN   Podemos pasar desapercibidos. Podemos salir a la calle sin etiquetas. Nadie sabe quiénes somos...

INGRID   Vivimos muy por debajo de nuestras posibilidades. No hemos hecho nada mal para tener que escondernos.

MARTIN   Tú ahora eres una espantapájaros.

INGRID · La gente juega a la lotería porque sueña con ser rica. La gente, a lo que aspira, es a poder pegarse la vida padre, y tú y yo /

MARTIN   Yo no podría vivir de otro modo al que vivo. Sé que tengo de nada por lo que avergonzarme. Las herencias no se discuten, se aceptan o no se aceptan. Pero esta es la única manera de no sentirme... culpable.

INGRID   Jamás habías utilizado esa palabra.

MARTIN   Culpable de todo el daño que causa poseer...

INGRID   ¡Ridículo!

MARTIN   Soy el heredero del producto resultante de millones de pequeños actos criminales. (INGRID *baila como un espantapájaros. El jilguero se esconde.* MARTIN *se asoma de nuevo a la ventana.*) Siguen levantando rápidamente ese muro... Antes de que nadie proteste.

INGRID   De nada serviría. Los muros se levantan para resistir, no para que sean derribados al día siguiente. (*Silencio.*) ¿Y si nos dejan encerrados?

MARTIN   No te entiendo.

INGRID   ¿El muro es real?

MARTIN   Sí.

INGRID   ¿Y no te importa que...?

MARTIN   Ya te dije que estaban planeando dividir todo en cuatro /

INGRID   Pero /

MARTIN   … mundos.

INGRID   Un muro es un muro, separa lo de un lado de lo del otro.

MARTIN   Si levantan un muro alrededor del centro, estaremos protegidos. ¿No es eso lo que querías?

INGRID   Yo no hablaba de una protección física...

MARTIN   Tranquila. Todos los muros tienen puertas. Nada nos impedirá pasar al otro lado con un pasaporte. Los muros se construyen de forma progresiva. Tenemos derecho a entrar como turistas en todos los mundos posibles.

INGRID   Habrá muchas personas que jamás puedan salir. Como en un asedio.

MARTIN   ¿Un asedio?

INGRID   No quise decir eso. No estamos en guerra, eso es evidente.

(*Silencio.*)

MARTIN   ¿Qué sucede?

INGRID   Pensaba... en aquella ciudad... víctima de un brutal genocidio... Fue noticia no hace mucho. Una noticia rescatada del olvido. Al parecer, la población había sido sometida a un constante... Murieron cientos de miles de personas, muchas de ellas niños... Cuando entraron los vencedores, los supervivientes estaban tan famélicos y enfermos que habían enloquecido. Todos. Absolutamente todas las personas vagaban por entre las ruinas, sumidas en el delirio. (*Aparece* HELEN. INGRID *se encara inmediatamente con ella.*) ¿Qué haces tú aquí? ¡No tienes ningún derecho a entrar cuando te dé la gana!

HELEN   Esta es mi casa, vivo aquí, ¡espantapájaros!

INGRID   (*A* MARTIN.) ¿Te has traído a tu madre a vivir con...?

MARTIN   Solo me traje sus cenizas.

HELEN   Hijo, he conseguido hacer una mermelada de zarzamora realmente exquisita y sin azúcar... (MARTIN *sale de la estancia. Mientras* HELEN *habla,* INGRID *deja de bailar, coge una jarra con agua que hay encima de la mesa y le lanza el contenido. El agua, al contacto con el cuerpo de* HELEN, *se evapora inmediatamente.*) El truco está en el clavo. Se hierve esta especie durante unos minutos y se añade el agua al zumo de mora, junto a la pectina. También es cierto que las moras eran salvajes, auténticas moras del bosque... Una delicia. Los frutos del bosque son muy ricos en vitaminas, y están libres de toda sospecha, salvo que el bosque no sea bosque... (*Se queda mirando las plantas que hay por toda la estancia.*) Tomate montañés muy rojo y brillante... ¿De dónde has sacado las semillas?

         (*Entra* MARTIN, *con una urna. Se acerca a la ventana y espolvorea las cenizas hacia el exterior.* HELEN *se desvanece.*)

MARTIN   Ya está... Por fin.

HELEN   Gracias.

MARTIN   No tenía más alternativas.

HELEN   ¿Tú crees que volverá?

MARTIN   Imposible.

HELEN   Es un alivio.

MARTIN   No sé si hemos hecho bien...

INGRID   No le des vueltas ahora.

MARTIN   (*Girándose hacia* INGRID.) Ella creía que estabas conmigo para evitar...

INGRID   ¿Qué?

MARTIN   Pensaba que protegía el planeta impidiendo mi autodestrucción.

INGRID   Ridículo. Tú no vas a...

MARTIN   Podría.

INGRID   Pero el mundo...

MARTIN   El mundo es una docena de empresas, tal vez menos.

INGRID   Pero tú ni siquiera...

MARTIN   El mayor error es creer que hacemos lo que creemos hacer.

(*Silencio.* MARTIN *intenta cerrar la ventana, pero un repentino y fuerte viento se lo impide.* INGRID *corre en su ayuda. Entre los dos, logran cerrar la ventana. Cesa el bullicio. A continuación, se quedan unos segundos mirando a través de los cristales.*)

INGRID   Es una manifestación.

MARTIN   Eso parece.

INGRID   Protestan por la construcción de ese muro.

MARTIN   No, protestan por la falta de just /

INGRID   ¿Qué?

MARTIN   La que jamás se dejó que levantara la cabeza, para no ahogar la necesidad de crecimiento.

INGRID   No te comprendo.

MARTIN   Los hongos de la violencia han inoculado por completo el alma de la ciudad, de todas las ciudades.

INGRID   Pero ellos se manifiestan...

MARTIN   Sí, es cierto, se manifiestan.

INGRID   Hay esperanza...

MARTIN   … cuando estalla la conciencia.

INGRID   ¿Tú crees que...?

MARTIN   No lo sé. (*Silencio. Siguen mirando por la ventana.*) De vez en cuando en el aire pasa solo un aliento, en un aliento...

INGRID   Un aliento de esperanza. ¿Cómo huele la esperanza?

MARTIN   Ahora tengo dudas si no habría sido mejor /

INGRID   Sientes temblor. Temblor. Temblor…

MARTIN   Estás cantando.

INGRID   Temblor.

MARTIN   Escucharte cantar esa palabra me produce /

INGRID   No puedo evitarlo.

MARTIN   Tampoco yo puedo evitar el dolor.

INGRID   Cantar por cantar es un alivio.

MARTIN   Necesito el silencio para parar de pensar y para…

INGRID   Tenemos el tiempo justo para…

MARTIN   … respirar.

INGRID   … dejar que el pensamiento haga su escritura…

MARTIN   … automática.

INGRID   … y decidir quién somos.

MARTIN   Una…

INGRID   … copia…

MARTIN   … de nosotros. De nosotros. De la metralla en nuestras cabezas…

INGRID   Tendremos que aprender a vivir y a convivir con los enemigos.

MARTIN   Pensar por pensar es un alivio.

INGRID   Nos necesitamos, para soportar…

MARTIN   Es cierto. La sinceridad estricta esconde el sentido por el sentido…

INGRID   … sin que podamos advertir cuál es el sentido /, ¿no?

MARTIN   De tanto resentimiento.

INGRID   Lo siento.

MARTIN   No lo sientas más.

INGRID   No hables más.

MARTIN   No pensemos más.

INGRID   Volver al pasado, como un deseo que comienza a derivar por las márgenes y sin hacer otra cosa que sentir, maldita sea, me duele la cabeza, necesito un golpe, un golpe que me deje sin palabras, sin pensamiento, ausente, completamente ausente, ¿oíste?

MARTIN　　No.

INGRID　　Los golpes cuando son golpes aplastan las ideas y las convierten en hojas de papel de seda blanco.

MARTIN　　Levanta.

INGRID　　¿Qué?

MARTIN　　Camina.

INGRID　　No puedo, no puedo dejar de desear…

MARTIN　　¿Qué?

INGRID　　… mi desaparición. ¿Recuerdas?... Me gustaría recorrer una y otra vez los hechos para sacar las conclusiones que quedaron en el interior… de aquella...

MARTIN　　Hablamos por hablar.

INGRID　　Los hechos que pueden ser cometidos una y otra…

MARTIN　　… vez.

INGRID　　Siempre.

MARTIN   Son la razón de la miseria que padecemos. Como un lápiz.

INGRID   Como un lápiz que jamás rompe su mina.

MARTIN   Como un lápiz sobre el suelo cuando no es posible estructurar la cabeza. Es terrible, tú lo sabes bien, cuando escriben los pies, y las manos caminan, y quedamos en el deber de escuchar siempre nuestro...

INGRID   ¡Para!

MARTIN   ... dolor.

INGRID   ¿Ajeno?

MARTIN   Y nuestro.

INGRID   No deberíamos seguir.

MARTIN   Cuando llueve y llueve sobre el papel, el papel desaparece con el lenguaje.

INGRID   Es el gesto lo que me hace seguir con vida.

MARTIN   Nos devoran con el cansancio. Nos devoran con el cansancio de la duda. Deberíamos parar, sí. Deberíamos detenernos, pero todo es un río, que lucha por salir, en la superficie, en un mundo, lleno, lleno de economía, lleno de económica maldad, lleno de maldad financiera, que lucha, que lucha por salir a la superficie, con sus bafaradas de aire flaco, flaco, veleidades reflexionadas, despacio, fruto del agotamiento.

INGRID   No podemos hacer otra cosa que llorar, y lo sabes.

MARTIN   Ya.

INGRID   Llorar delante de una puerta que se cierra y luego se abre y luego se abre y luego se abre para cerrar la salida a la locura en nuestra casa.

MARTIN   Pensar nos quita lo más importante.

INGRID   Tendríamos que decidir...

MARTIN   No.

INGRID   ... si este es nuestro mundo y queremos seguir estando en él.

MARTIN   Ya te dije...

INGRID   El pensamiento desaparece en el mismo acto de pensar. Me voy a suicidar.

MARTIN   ¿Qué?

INGRID   Me voy a suicidar.

MARTIN Ya lo hiciste, ya lo hicimos, ¿te acuerdas?, cuando no podíamos seguir siendo quienes éramos.

(Suena un móvil. Es el móvil de Ingrid. *Ella acude a responder. Contesta.)*

INGRID ¿Sí? (*Silencio.*) Me gustaría ver la lejanía. La lejanía de verdad. (*Largo silencio.*) No hay nada que podamos /

MARTIN ¿Qué?

INGRID La policía ha disparado.

MARTIN Pero es imposible que no supieran que él era...

INGRID Mató a varias personas que estaban...

MARTIN Mi hijo...

INGRID ... desarmadas.

MARTIN No sé qué decir.

INGRID No digas nada. (Martin *hace ademán de coger los prismáticos.* Ingrid *le coge la mano.*) Tenemos que irnos.

MARTIN ¿Llevas lápiz?

INGRID No.

(INGRID *coge del brazo a* MARTIN. *Salen. A los pocos segundos,* INGRID *regresa. Rebusca entre los jerséis hechos a mano. Se pone un jersey rojo a medio hacer. El jilguero sale de su escondite y se posa sobre uno de los hombros de la mujer.*)

Oscuro.

Esta primera edición de *los topos lloran al amanecer*,
de Julio Fernández, terminó de imprimirse
en mayo de dos mil veinticuatro,
en Madrid.